AF322083

APOLOGUE

SUR LES

BLESSÉS DE LA PRESSE

PAR

TIMON.

(Publié en Belgique en 1836.)

PRIX : 5 CENTIMES.

PARIS.

PAGNERRE, ÉDITEUR,

RUE DE SEINE, 14 BIS.

1848

AVERTISSEMENT

DE L'ÉDITEUR.

Ce petit pamphlet a été publié, il y a douze ans, à l'étranger. Il n'a jamais paru en France, où il eût été poursuivi. Timon a prévu, dans cet apologue, ce qui devait arriver, et ce qui est arrivé. Louis-Philippe a fini comme Timon le lui avait prédit. Rien de plus équitable que la proposition de notre pamphlétaire, et qu'y a-t-il à lui répondre? Pourquoi, en effet, les blessés de la presse ne seraient-ils pas aussi bien traités que les blessés du sabre et du fusil? Le courage de tête et le courage de main sont sur la même ligne, : si l'un exécute les grandes et justes révolutions, l'autre les prépare.

C'est une bonne leçon donnée aux autres rois, que de mettre à leur charge personnelle, la réparation des actes arbitraires qu'ils ordonnent? Les blessés de la presse ne demandent pas une récompense, mais une restitution du montant de leurs amendes. Lisez les conclusions de ce petit écrit, et vous serez de l'avis de Timon, qui, par ses *Lettres sur la liste civile*, et par ses fameux pamphlets sur la *Dotation* et les *Apanages*, a épargné à la nation une somme de plus de 45 millions (1).

PAGNERRE.

(1) Les *Blessés de la Presse* se vendent au profit des *Blessés de février.*

APOLOGUE

SUR

LES BLESSÉS DE LA PRESSE

Il y avait dans l'ancienne Gaule un roi légitime qui s'était ingéré d'octroyer une Constitution à ses peuples.

Les peuples lui dirent : Nous ne savons trop de quel droit vous nous octroyez ce qui ne vous appartient pas, et ce qui est à nous ; mais c'est égal, jurez et tenez ; et si vous ne tenez pas, gare à vous !

Au bout de quelques années, le roi perdit mémoire de ce qu'il avait promis. Les choses allèrent de mal en pis ; si bien que le roi dit un jour : Ce peuple me fatigue ; il veut parler sur tout, sur lui, sur moi, sur ma Charte, sur mes ministres ; qu'il se taise !

Vite, les gens de la police, ramassant l'ordre du roi, annoncèrent dans tous les carrefours qu'on ne pourrait plus ni parler ni écrire sans la permission de certains Gaulois, nommés censeurs.

Alors les ouvriers qui fixent la parole avec des caractères de plomb, ceux qui mettent en pages, ceux qui tournent la presse à bras et ceux qui font passer les feuilles humides sous l'empreinte de la mécanique, prirent, en pleurant, congé de leurs maîtres, et descendirent de leurs ateliers fermés dans la rue. Grand était leur nombre, auquel se joignirent les camarades des faubourgs, et cette foule de peuple grossit et murmura.

Le roi, qui avait envoyé ses censeurs contre les paroles, envoya ses troupes contre les murmures; et le peuple s'étant armé, le roi fut vaincu et chassé.

Le peuple, embarrassé de sa victoire, attendait conseil les bras croisés, et ne savait trop que faire.

Les uns voulaient qu'il se gouvernât lui-même en état de République.

Les autres voulaient qu'on proclamât Empereur le fils d'un guerrier, ancien chef de la nation.

Tout à coup les Doctrinaires (car il y en eut de tout temps chez les Gaulois) ouvrirent l'avis de poser la couronne sur le front d'un parent du roi chassé, homme fort riche et fort économe, qui vivait retiré à la campagne, avec sa femme et ses neuf enfants.

L'homme fort riche et fort économe ne se fit pas prier. Il arriva à pied, le chapeau à la main. en costume de solliciteur, et il émerveilla le peuple tout d'abord par la simplicité de ses manières, non moins que par le luxe abondant de ses discours. Les sages d'entre les Gaulois hésitaient à le prendre pour roi ; mais ils s'y déterminèrent à la fin par cette raison, en apparence logique, qu'un homme qui parlait tant n'empêcherait sûrement pas les autres de parler. Sur quoi lui, qui devinait leur pensée, se prit à dire : Oh ! oui, parlera désormais qui voudra, et, comme moi, tant qu'on voudra, tant qu'on pourra ! il n'y aura plus de procès de presse : non, plus de procès, plus de procès !

Les vieilles chroniques de la Gaule rapportent que d'abord tout alla au mieux. On grava sur le bronze les victoires de la presse. On attacha avec des clous d'or. au marbre des temples, les noms de ceux qui s'étaient fait tuer à son service. Leurs veuves, et leurs enfants, et leurs pères infirmes, et les estropiés, eurent des pensions sur le Trésor et des rubans bleus à leur veste. C'était pour la presse jours de liesse et de gloire. On voyait l'homme fort riche et fort économe, devenu roi, marchant dans les promenades, côte à côte des bourgeois et des paysans, qui lui avaient sauvé son bien. Chez lui, dans l'excès de sa reconnaissance, il les embrassait à les étouffer.

Il donnait, en vrai prodigue, des poignées de main à tout le monde, et il discourait beaucoup, bien, très-bien, de tout et sur toute chose, et il faisait colporter, de bourgade en bourgade, ses allocutions qui sentaient le patriotisme, et il fatiguait ses frères, les autres rois Slaves, Goths, Visigoths et Germains, de ses écritures et de ses protocoles.

Mais, s'étant ravisé un peu après, il jeta à l'écart, comme pièce de rebut, les guêtres de peau et la familiarité des manières. Il ajouta à ses grands biens les trésors de la nation. Il trouva mauvais que cette nation, qui était jaseuse, lui donnât de temps en temps quelques petits coups de langue, et il fit faire des milliers de procès à la Presse, lui, cet ingrat, que la Presse avait fait roi, lui qui ne voulait plus, comme on s'en souvient, qu'il y eût de procès de presse, plus de procès de presse! si bien que cette pauvre Presse, rouée de saisies et de réquisitoires, mise en prison, épuisée par les grosses amendes, à peine se pouvait traîner, et, manquant de souffle, allait rendre l'âme.

Lors, le peuple recommença à murmurer,

et nous ne savons comment la chose se fit, mais il paraît que celui-ci s'achemina, comme l'autre, vers la frontière du pays.

Cela fait, avec toute la promptitude, tous les égards et toute la politesse dont le peuple gaulois d'alors était susceptible, il s'assembla dans le Champ de Mars, et à peine s'était-il formé en Assemblée nationale, que les éclopés de la presse eurent audience.

Ils venaient se plaindre des persécutions inouïes qu'ils avaient essuyées dans leurs biens et dans leurs personnes, sous le roi qui ne voulait plus de procès de presse, et l'on dit qu'ils s'exprimèrent en ces termes :

« Augustes Représentants du Peuple, nous avions reçu des médailles de bronze et des rubans bleus pour avoir combattu et chassé la légitimité. Fallait-il, hélas ! que la quasi-légitimité, qui nous devait tant, et qui nous avait juré de si belles choses, nous mit les fers aux mains et le scellé sur la bouche ? N'aurait-elle pas dû rougir, cette ingrate quasi-légitimité, de s'approprier nos biens par ses amendes qui étaient une confiscation déguisée, quoique la confiscation déguisée, aussi bien que la confiscation directe, eût été abolie par la charte du nouveau Testament ?

« Suppliciés et spoliés, nous venons à vous, généreux Gaulois ! prenez pitié de notre courage, de nos services et de nos misères. Arbitrez vous-mêmes l'indemnité qui nous est due. Nous sommes trop modestes pour nous faire valoir, mais nous croyons avoir assez fait et assez souffert, pour prétendre à mieux qu'à des médailles de bronze et à des rubans bleus. »

Le président de l'Assemblée leur répondit :

« Citoyens, vous avez bravement combattu dans l'intérêt du peuple, pour la première de nos libertés, et vous portez les glorieuses cicatrices du courage civil qui, de tout temps, fut beaucoup plus rare, chez les Gaulois, que le courage militaire. La Gaule reconnaissante vous remercie par ma bouche, et il sera délivré à chacun de vous un décret portant que vous avez bien mérité de la patrie.

Mais cela ne suffit pas. Nous voudrions, mais nous ne pouvons vous rendre les irréparables jours de votre prison, et nous sommes persuadés que vous ne réclamerez pas l'application de la loi du talion contre les procureurs généraux et le préfet de police, parce que le pardon des injures est la plus belle vertu des Républicains. Nous ne vous accorderons pas non plus de médailles, parce que la République ne fait pas banqueroute à ses créanciers, et que ce serait une fort mauvaise plaisanterie de donner une petite médaille de bronze en indemnité de 10,000 fr. d'amende par exemple. Nous n'attacherons pas à votre boutonnière des rubans bleus, parce que la couleur en est un peu passée. Enfin, nous ne vous coucherons pas sur les listes des pensions, attendu que lesdites listes en supportent déjà pour plus de 50 millions ; que cette charge surgrèverait le Trésor, et que, dans votre désintéressement qui rehausse si bien l'éclat de votre courage civil, ce n'est pas des récompenses que vous demandez, mais une restitution. C'est donc une restitution, rien qu'une restitution que nous pouvons vous offrir.

Or, je suppose que l'emprunt forcé du fisc sur les journaux ait été d'un million, qu'est-ce qu'un million ajouté, pour une année seulement, aux 1,200 millions du budget, qu'à la vérité nous allons réduire de plus d'un tiers ? Je vous engage donc, honorables citoyens, si vous voulez être remboursés le plus tôt possible, à dresser l'état exact et complet du montant de vos amendes, et à le déposer sur le bureau.

La proposition que je fais est-elle appuyée, et quelqu'un demande-t-il la parole?

— Je la demande, s'écria un vieillard dont la voix n'était pas sans autorité sur le peuple, et qui, s'étant levé, dit :

« Gaulois, le premier acte d'une Assemblée nationale, après avoir rendu grâces aux dieux, est de réparer l'injustice. Je viens donc appuyer la motion de notre digne Président ; mais écoutez-moi, citoyens, écoutez-moi ! il y a ici deux choses à considérer : le principe de l'indemnité et les moyens d'exécution.

Examinons les deux questions l'une après l'autre.

La Charte, dite vérité, déclarait nettement que, sous aucun prétexte, la confiscation ne pourrait pas être rétablie. Or, qu'est-ce qu'un bien? n'est-ce pas un capital autant qu'un immeuble? Une maison, un bois, un champ, est un bien. Une créance, un billet de banque, une somme d'argent est aussi un bien. Qu'est-ce maintenant que confisquer un bien? C'est le prendre. Lors donc qu'un citoyen, au lieu de convertir cent mille écus en terres, les convertissait en caractères d'imprimerie, presses, livres et journaux, et qu'avec ses amendes le fisc attirait dans son coffre les écus de ce citoyen, il est évident qu'il y avait là confiscation, et que, par conséquent, la Charte était violée. Substituer l'appellation d'amende à celle de confiscation, pour en conclure qu'il ne s'agissait pas là de confiscation, c'était mettre les mots à la place des choses, et se moquer de la Charte et de ce qui est encore plus respectable que toutes les chartes possibles, et surtout que celle-là, savoir la vérité.

Que diriez-vous d'un voleur qui, prenant votre mouchoir dans votre poche, vous répondrait : Excusez, je ne vous l'ai pas volé, je vous l'ai seulement soustrait? Que penseriez-vous d'un juge qui, après l'abolition de la peine de mort, dirait au patient, tout près de monter à l'échafaud : Prenez bien garde que ce n'est pas à la mort que nous vous avons condamné, et que nous vous menons, mais au supplice.

Vous riez, Gaulois, peuple spirituel mais frivole, et peut-être demain jouet des mêmes duperies, vous laisserez-vous abuser par de nouveaux doctrinaires ! Maintenant que les dynasties s'en sont allées, Dieu merci, pour ne plus revenir, prenez donc les mœurs graves et le langage d'un peuple libre, et habituez-vous enfin à ne plus vous payer de mots ni de prétextes, et à appeler les choses par leur véritable nom.

—Oui, oui ! » s'écria le peuple.

L'orateur reprit :

« Ainsi, nous sommes tous d'accord en principe, que le remboursement des amendes aux condamnés de la presse est dû; mais par qui? Est-ce par la nation ou par l'homme fort riche et fort économe, devenu roi, sous lequel nous n'avons plus le bonheur de vivre? C'est là, citoyens, la seconde question et même toute la question.

Les curateurs aux biens vacants de l'homme fort riche et fort économe, devenu roi, diront peut-être que les faits doivent se juger d'après les lois existantes au moment où les faits se sont passés; que lorsque les amendes ont été prononcées, nous vivions sous la fiction d'un roi irresponsable et qui ne pouvait mal faire; que les ministres seuls seraient tenus d'indemniser, au cas d'indemnité; que les lois sur les amendes, antérieures à la Charte, ont été maintenues par elle, et qu'ainsi les requérir c'était droit, et les appliquer c'était devoir; que, d'ailleurs, c'est le fisc qui a reçu le montant des amendes, et, qu'ayant eu les bénéfices de l'encaisse, il est juste qu'il ait les charges de la restitution.

Ces raisons, citoyens, ont leur côté spécieux, mais sont-elles bien solides? Je ne le crois pas. En effet, si la Charte d'alors avait maintenu les lois antérieures, c'étaient les lois qui n'étaient pas contraires à la Charte, qui ne prononçaient pas, sous des termes indirects et déguisés, la confiscation abolie par la Charte, en termes directs et ouverts ; si les ministres étaient responsables, c'est parce que la Charte supposait qu'ils seraient des ministres et non des commis ; si le roi ne pouvait mal faire, c'était à condition qu'il régnerait et ne gouvernerait pas. S'il gouvernait, au contraire, et s'il nommait les ministres qui nommaient les préfets qui nommaient les jurés ; s'il créait et instituait lui-même les juges ; s'il choisissait les officiers d'exécution qui faisaient deux parts du condamné, l'une de son argent pour le prendre, et l'autre de sa personne pour l'incarcérer, je vous demande alors s'il n'est pas absurde de vouloir cacher sous le bouclier constitutionnel une personne si visible, et si la fiction peut durer au delà de la fiction. Si le fisc a reçu le montant des amendes, ce n'était pas pour les garder, mais pour en arroser les ardeurs béantes de la liste civile. C'est donc tout simplement un compte de restitution à ouvrir avec les curateurs aux biens vacants de l'homme fort riche et fort économe, devenu roi, sous lequel nous avons le bonheur de ne plus vivre. En conséquence, je demande qu'on aille aux voix et qu'il soit décidé :

1° Que le montant intégral des amendes sera remboursé, sous trois jours, aux condamnés de la presse ;

2° Que les curateurs ès noms seront tenus dudit remboursement, le décime compris.

On alla aux voix, et vous savez ce qui fut fait.

Paris. — Imprimerie SCHNEIDER, rue d'Erfurth, 1.